мәктәп - maktab	2
сәяхәт - sayohat	5
транспорт - transport	8
шәһәр - shahar	10
ландшафт - manzara	14
ресторан - restoran	17
супермаркет - supermarket	20
эчемлекләр - ichimliklar	22
азык - taom	23
ферма - chorvachilik xo'jaligi	27
йорт - uy	31
кунак бүлмәсе - mehmonxona	33
аш бүлмәсе - oshxona	35
ванна бүлмәсе - vannaxona	38
балалар бүлмәсе - bolalar xonasi	42
кием - kiyim	44
офис - idora	49
икътисад - iqtisod	51
профессияләр - kasblar	53
кораллар - asboblar	56
музыкаль инструментлар - musiqa asboblari	57
зоопарк - hayvonot bog'i	59
спорт төрләре - sport o'yinlari	62
хәрәкәт - mashg'ulot	63
гаилә - oila	67
тән - tana	68
хастаханә - shifoxona	72
кичектергесез хәл - tez yordam	76
җир - yer	77
сәгать - soat	79
атна - xafta	80
ел - yil	81
формалар - shakllar	83
төсләр - ranglar	84
капма-каршылыклар - qarama-qarshi ma'noli so'zlar	85
саннар - raqamlar	88
телләр - tillar	90
кем / нәрсә / ничек - kim / nima / qanday	91
кайда - qayerda	92

Impressum
Verlag: BABADADA GmbH, Nedderfeld 112 , 22529 Hamburg
Geschäftsführer / Verlagsleitung: Harald Hof
Druck: Books on Demand GmbH, In de Tarpen 42, 22848 Norderstedt

Imprint
Publisher: BABADADA GmbH, Nedderfeld 112 , 22529 Hamburg, Germany
Managing Director / Publishing direction: Harald Hof
Print: Books on Demand GmbH, In de Tarpen 42, 22848 Norderstedt, Germany

мәктәп
maktab

бүлү / bo'lmoq

такта / doska

сыйныф бүлмәсе / sinf

мәктәп ишегалдысы / maktab hovlisi

укытучы / o'qituvchi

кәгазь / qog'oz

язу / yozmoq

ручка / ruchka

язу өстәле / ish stoli

линейка / lineyka

китап / kitob

укучы / o'quvchi

букча
osma sumka

пенал
qalamdon

каләм
qalam

каләм очлагыч
qalam uchlagich

бетергеч
o'chirgich

рәсем ясау өчен альбом
rasm albomi

рәсем
chizmachilik

кисточка
bo'yoq cho'tka

буяулар тартмасы
bo'yoqdon

кайчы
qaychi

җилем
yelim

дәфтәр
mashg'ulot daftari

өйгә эш
uy ishi

сан
raqam

кушу
qo'shmoq

алу
ayirmoq

тапкырлау
ko'paytirmoq

исәпләү
sanamoq

хәреф
xat

алфавит
alifbo

сүз
so'z boyligi

мәктәп - maktab

текст	уку	акбур
matn	oʻqimoq	boʻr

дәрес	сыйныф журналы	имтихан
dars	jurnal	imtihon

диплом	мәктәп формасы	мәгариф
guvohnoma	maktab formasi	taʼlim

энциклопедия	университет	микроскоп
qomus	oliygoh	mikroskop

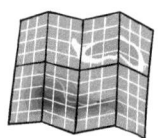 

карта	кәгазь өчен кәрҗин
xarita	urna

сәяхәт

sayohat

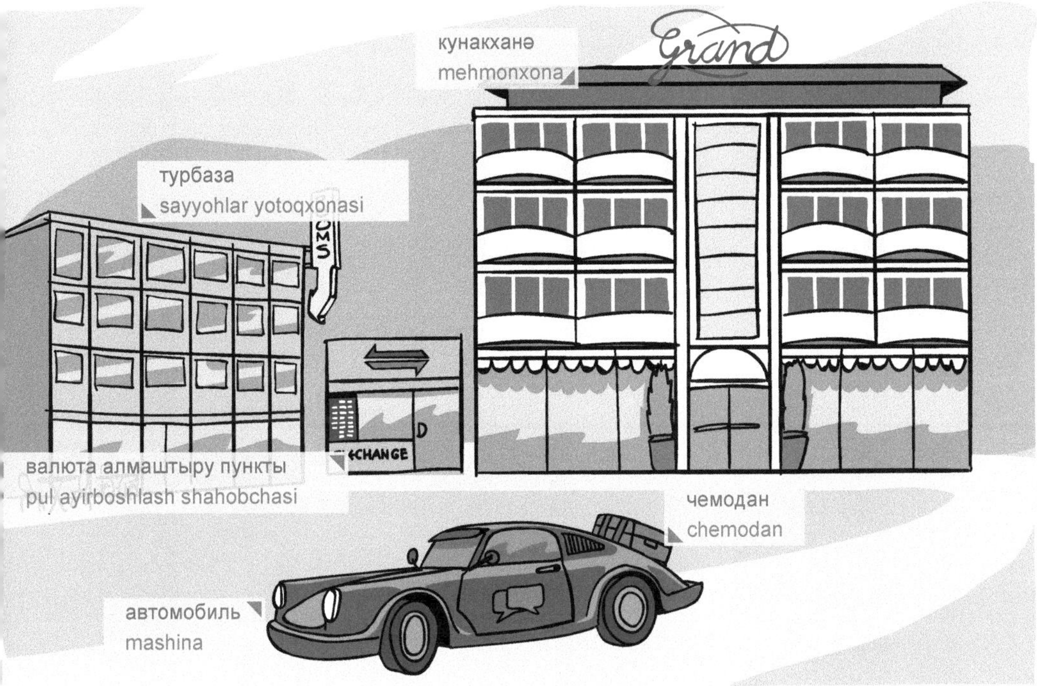

кунакханә
mehmonxona
Grand
турбаза
sayyohlar yotoqxonasi
EXCHANGE
валюта алмаштыру пункты
pul ayirboshlash shahobchasi
чемодан
chemodan
автомобиль
mashina

тел

til

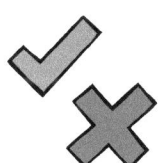

әйе / юк

ha / yo‘q

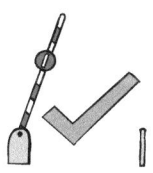

яхшы

Xo‘p

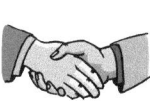

сәлам

salom

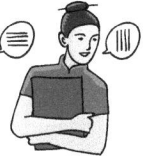

тәрҗемәче

tarjimon

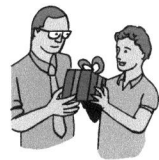

Рәхмәт

Raxmat

Күпме тора...?
necha pul...?

Мин аңламыйм
Tushunmadim

проблема
muammo

Хәерле кич!
Xayrli kech!

Хәерле иртә!
Xayrli tong!

Тыныч йокы!
Xayrli tun!

хушыгыз
koʻrishguncha

юнәлеш
yoʻnalish

багаж
yoʻlovchi yuki

букча
safarxalta

рюкзак
yuk xalta

кунак
mehmon

бүлмә
xona

йоклар өчен капчык
uyquqop

палатка
palatka

сәяхәт - sayohat

туристик мәгълүмат

sayohlarga ma'lumot berish stoli

пляж

plyaj

кредит картасы

omonat karta

иртәнге аш

nonushta

төш

nonushta

кичке аш

kechki ovqat

билет

chipta

лифт

lift

почта маркасы

marka

чик

chegara

таможня

bojxona

илчелек

elchixona

виза

viza

паспорт

pasport

сәяхәт - sayohat

7

транспорт
transport

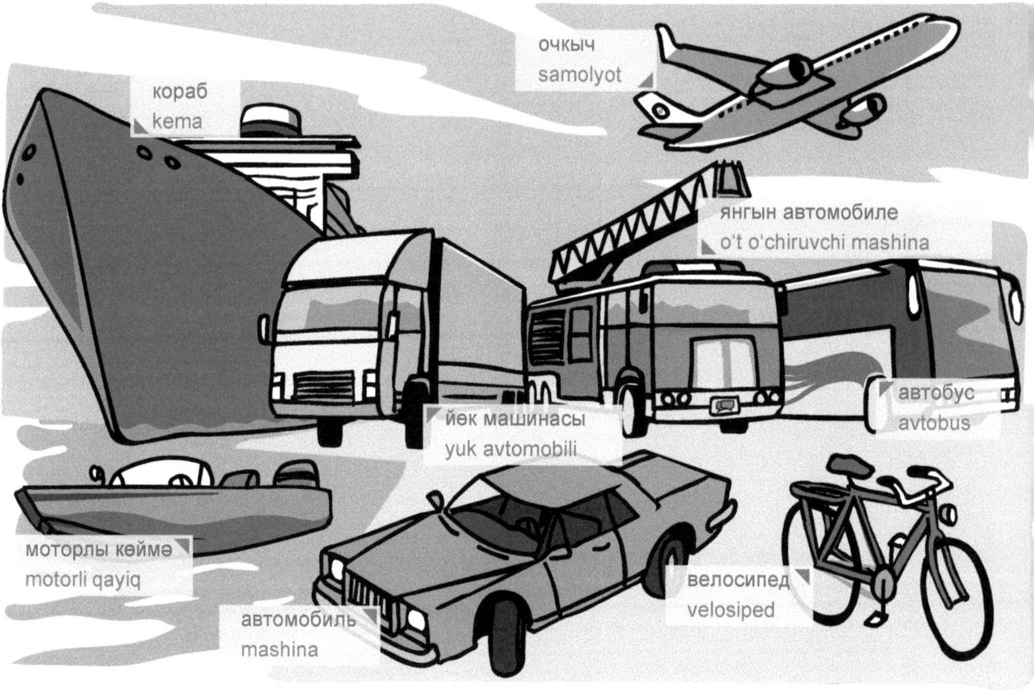

очкыч / samolyot

кораб / kema

янгын автомобиле / o't o'chiruvchi mashina

автобус / avtobus

йөк машинасы / yuk avtomobili

моторлы көймә / motorli qayiq

автомобиль / mashina

велосипед / velosiped

паром
solsimon yassi kema

көймә
qayiq

мотоцикл
mototsikl

полиция автомобиле
posbon mashinasi

узыш автомобиле
poyga mashinasi

вакытлыча алып торган автомобиль
kiraga olingan avtoulov

транспорт - transport

Автомобильләр белән уртак файдалану
avtoijara

буксирлау автомобиле
shatakka oluvchi yuk avtomobili

чүп ташучы
axlat mashinasi

двигатель
motor

ягулык
yoqilg'i

заправка
yoqilg'i quyish shahobchasi

юл билгесе
yo'l belgisi

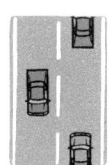

хәрәкәт
yo'l harakati

бөке
tirband

автомобиль тукталышы
avtomobil to'xtab turish joyi

вокзал
poyezd bekati

рельслар
rels

поезд
poyezd

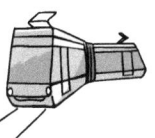

трамвай
tramvay

вагон
vagon

транспорт - transport

вертолет
vertolyot

аэропорт
aeroport

каланча
minora

юлчы
yo'lovchi

контейнер
konteyner

тартма
qog'oz quti

арба
aravacha

кәрзинкә
savat

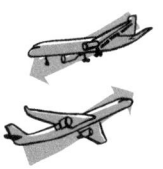
очу / җиргә төшү
uchmoq / qo'nmoq

шәһәр
shahar

авыл
qishloq

шәһәр үзәге
shahar markazi

йорт
uy

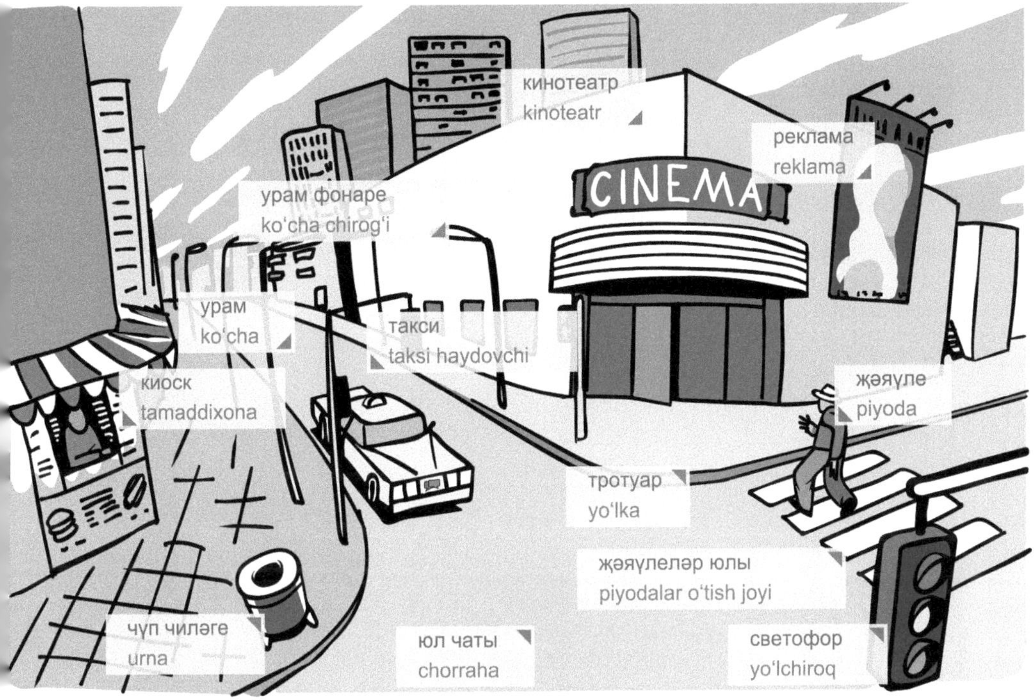

кинотеатр / kinoteatr
реклама / reklama
урам фонаре / ko'cha chirog'i
урам / ko'cha
такси / taksi haydovchi
киоск / tamaddixona
җәяүле / piyoda
тротуар / yo'lka
җәяүлеләр юлы / piyodalar o'tish joyi
чүп чиләге / urna
юл чаты / chorraha
светофор / yo'lchiroq

алачык
kulba

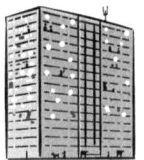
фатир
kvartira

вокзал
poyezd bekati

ратуша
mahalliy hokimiyat binosi

музей
muzey

мәктәп
maktab

шәһәр - shahar

университет

oliygoh

банк

bank

хастаханә

shifoxona

кунакханә

mehmonxona

даруханә

dorixona

офис

idora

китап кибете

kitob do'koni

кибет

do'kon

чәчәк кибете

gul do'koni

супермаркет

supermarket

базар

bozor

универмаг

univermag

балык кибете

baliq do'koni

сәүдә үзәге

savdo markazi

порт

bandargoh

шәһәр - shahar

парк

istirohat bog'i

эскәмия

bank

күпер

ko'prik

баскыч

zinapoya

метро

metro

тоннель

yer osti yo'li

автобус тукталышы

avtobus bekati

бар

bar

ресторан

restoran

почта тартмасы

pochta qutisi

урам исеме язылган такта

ko'cha yozuv osma taxtasi

паркометр

to'xtab turish vaqtini hisoblagach

зоопарк

hayvonot bog'i

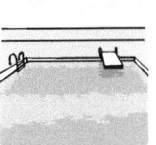

бассейн

basseyn

мәчет

masjid

шәһәр - shahar

ферма
chorvachilik xo'jaligi

әйләнә-тирә мохитне пычрату
atrof-muhit ifloslanishi

зират
qabriston

чиркәү
ibodatxona

балалар мәйданчыгы
bolalar o'yingohi

гыйбадәтханә
ehrom

ландшафт
manzara

- бит — yaproq
- юл күрсәткече — yo'lko'rsatgich
- юл — yo'l
- болын — o'tloq
- таш — tosh
- агач — daraxt
- сәяхәтче — sayyoh
- елга — daryo
- үлән — maysa
- чәчәк — gul

үзән
vodiy

тау
qir

күл
ko'l

урман
o'rmon

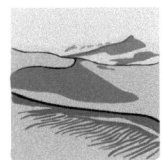

чүл
cho'l

вулкан
vulkan

йозак
qal'a

салават күпере
kamalak

гөмбә
qo'ziqorin

пальма
palma daraxti

черки
pashsha

чебен
chivin

кырмыска
chumoli

корт
asalari

үрмәкүч
o'rgimchak

ландшафт - manzara

коңгыз

qo'ng'iz

бака

qurbaqa

тиен

olmaxon

керпе

tipratikon

куян

quyon

ябалак

ukki

кош

qush

аккош

oqqush

кабан дуңгызы

erkak cho'chqa

болан

bug'u

поши

butoq shohli kiyik

буа

to'g'on

җил генераторы

shamol generatori

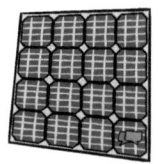

кояш батареясы

quyosh batareyasi

климат

iqlim

ландшафт - manzara

ресторан
restoran

официант
ofitsiant

меню
taomnoma

утыргыч
stul

аш
sho'rva

пицца
pitstsa

ашханә приборлары
oshxona anjomlari

ашъяулык
dasturxon

кабымлык

gazak

төп ашамлык

asosiy taom

десерт

desert

эчемлекләр

ichimliklar

азык

taom

шешә

butilka

фастфуд
tez pishar taom

урам ризыгы
koʻcha taomi

чәйнек
choynak

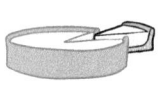

шикәр савыты
shakardon

күләм
portsiya

кофе кайнаткыч
espresso kofe mashinasi

балалар урындыгы
bolalar kursichasi

исәпләү
hisob

поднос
lagan

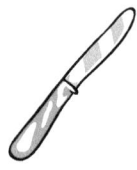

пычак
pichoq

чәнечке
sanchqi

кашык
qoshiq

чәй кашыгы
choy qoshiq

салфетка
qoʻl sochiq

стакан
stakan

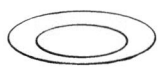

тәлинкә
likop

аш тәлинкәсе
sho'rva kosa

чәй тәлинкәсе
taqsimcha

соус
qayla

тоз савыты
tuzdon

борыч ваклагыч
qalampir yanchgich

серкә
sirka

сыек май
yog'

тәмләткеч
ziravorlar

кетчуп
ketchup

горчица
xantal

майонез
mayonez

супермаркет
supermarket

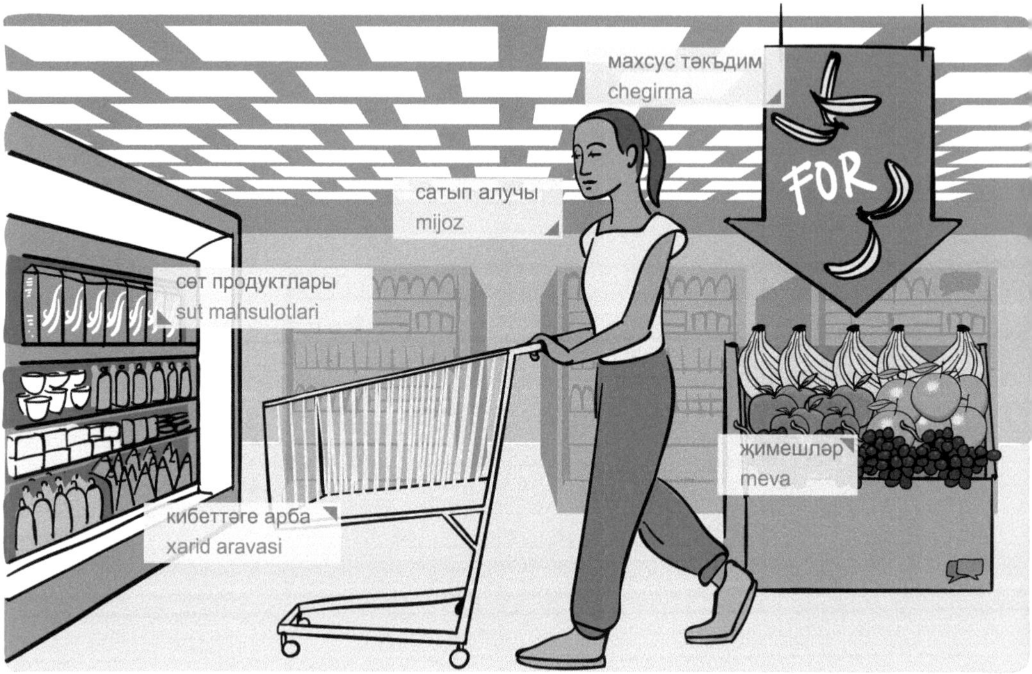

махсус тәкъдим
chegirma
FOR
сатып алучы
mijoz
сөт продуктлары
sut mahsulotlari
җимешләр
meva
кибеттәге арба
xarid aravasi

BUTCHERS

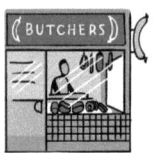

ит кибете

qassobxona

BAKERY

икмәк пешерү йорты

nonvoyxona

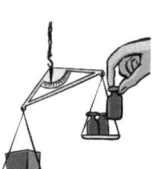

килү

tarozida o'lchamoq

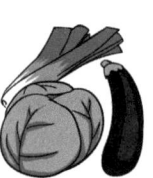

яшелчә

sabzavot

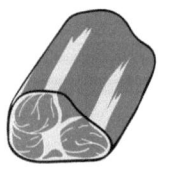

ит

go'sht

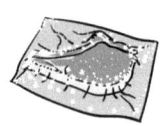

туңдырылган продуктлар

muzlatilgan taomlar

кисәкле ит
yaxna goʻsht

консервалар
konserva

кер юу порошогы
kir yuvish vositasi

тәм-томнар
shirinliklar

көнкүреш җиһазлары
kundalik isteʼmol taomlari

юу әйбере
yuvish vositalari

хатын-кыз сатучы
sotuvchi

касса
kassa

кассир
kassachi

сатып алган әйберләрнең исемлеге
xarid roʻyxati

эш вакыты
ish vaqti

бумажник
hamyon

кредит картасы
omonat karta

букча
xalta

полиэтилен пакет
tsellofan xalta

супермаркет - supermarket

эчемлекләр
ichimliklar

су — suv сок — sharbat сөт — sut

кока-кола — koka-kola шәраб — vino сыра — pivo

хәмер — spirtli ichimlik какао — kakao чәй — choy

кофе — kofe эспрессо — espresso капучино — kapuchino

азык
taom

банан

banan

алма

olmaxon

әфлисун

apelsin

карбыз

qovun

лимон

limon

кишер

sabzi

сарымсак

sarimsoq

бамбук

bambuk

суган

piyoz

гөмбә

qo'ziqorin

чикләвекләр

yong'oq

токмач

lag'mon

спагетти
spagetti

дөге
guruch

салат
salat

чипсы
kartoshka-fri

кыздырылган бәрәңге
qovurilgan kartoshka

пицца
pitstsa

гамбургер
gamburger

сэндвич
sendvich

котлет
to'qmoqlangan to'sh qiymasi

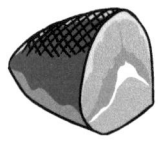

ветчина
dudlangan cho'chqa go'shti

салями
salyami kolbasasi

сосиска
sosiska

тавык
tovuq go'shti

кыздырма
qovurilgan

балык
baliq

азык - taom

солы кисәкләре	мюсли	кукуруз кисәкләре
suli bo'tqasi	myusli	makkajo'xori yormasi

он	круассан	булка
un	frantsuz bulochkasi	bulochka

икмәк	тост	печенье
non	qizartirilgan non burdasi	pishiriq

май	эремчек	пирог
sariyog'	tvorog	pirog

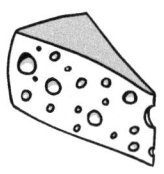

йомырка	йомырка тәбәсе	сыр
tuxum	qovurilgan tuxum	pishloq

азык - taom

туңдырма
muzqaymoq

шикәр
shakar

бал
asal

кайнатма
murabbo

шоколадлы паста
shokolad pastasi

карри
zarchava

ферма
chorvachilik xo'jaligi

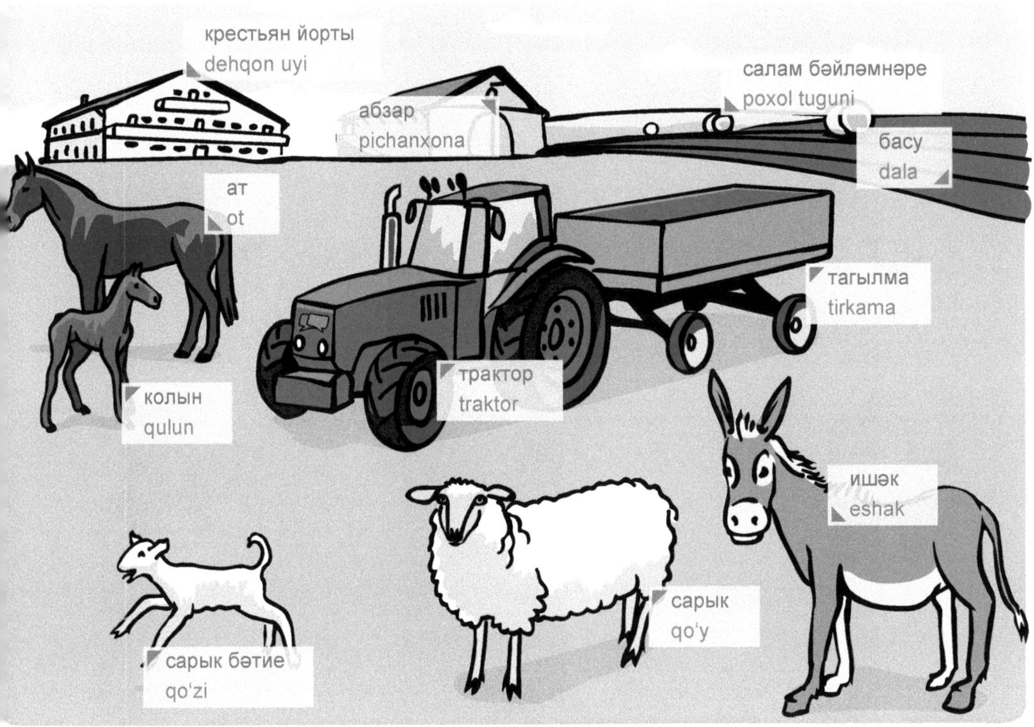

крестьян йорты — dehqon uyi
салам бәйләмнәре — poxol tuguni
абзар — pichanxona
басу — dala
ат — ot
тагылма — tirkama
колын — qulun
трактор — traktor
ишәк — eshak
сарык бәтие — qo'zi
сарык — qo'y

кәҗә

echki

сыер

sigir

бозау

buzoq

дуңгыз

cho'chqa

дуңгыз баласы

cho'chqa bolasi

үгез

buqa

каз
g'oz

үрдәк
o'rdak

чеби
jo'ja

тавык
tovuq

әтәч
xo'roz

күсе
kalamush

песи
mushuk

тычкан
sichqon

эш үгезе
ho'kiz

эт
it

эт оясы
katalak

бакча шлангысы
hovli bog' shlangi

сусипкеч
gulchelak

чалгы
belo'roq

сабан
temir omoch

ферма - chorvachilik xo'jaligi

урак
qo'lo'roq

китмән
chopqi

тирес сәнәге
panshaxa

балта
bolta

кул арбасы
g'altakarava

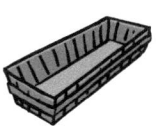

тагарак
oxur

сөт өчен бидон
sut bidoni

капчык
to'rva

койма
panjara

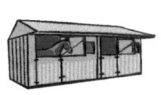

абзар
og'ilxona

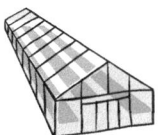

теплица
issiqxona

туфрак
tuproq

чәчү
urug'

ашлама
o'g'it

комбайн
kombayn

ферма - chorvachilik xo'jaligi

уңыш җыю
hosil olmoq

уңыш
yig'im-terim

ямса
yams

бодай
bug'doy

соя
soya

бәрәңге
kartoshka

кукуруз
makkajo'xori

рапс
raps urug'i

җимеш агачы
mevali daraxt

маниок
maniok

иген
yorma

ферма - chorvachilik xo'jaligi

йорт
uy

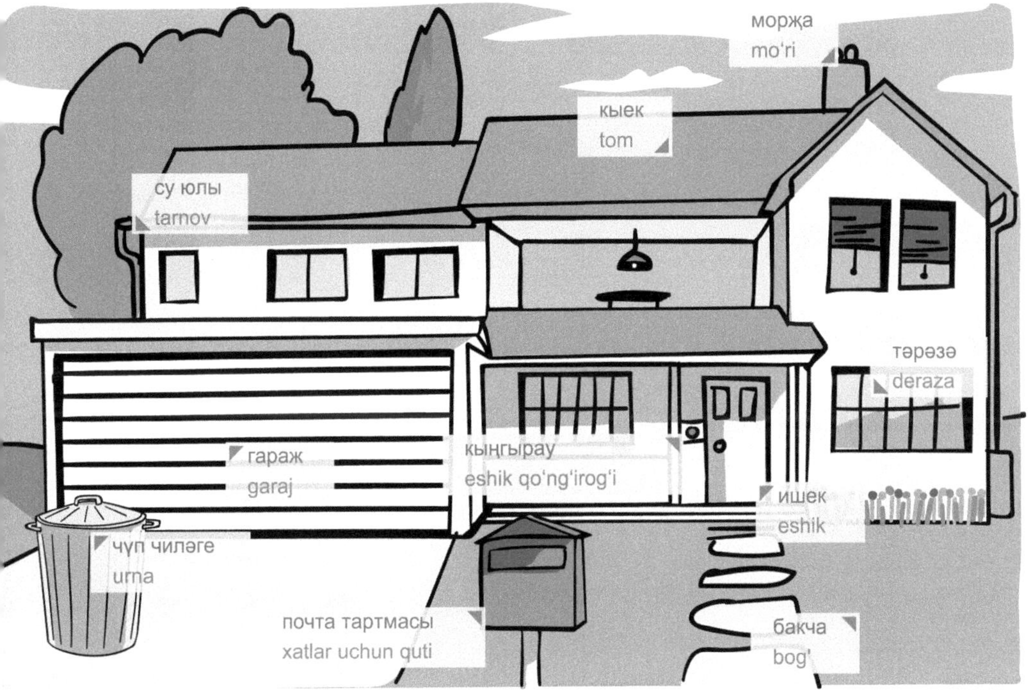

- моржа / mo'ri
- кыек / tom
- су юлы / tarnov
- тәрәзә / deraza
- гараж / garaj
- кыңгырау / eshik qo'ng'irog'i
- ишек / eshik
- чүп чиләге / urna
- почта тартмасы / xatlar uchun quti
- бакча / bog'

кунак бүлмәсе
mehmonxona

ванна бүлмәсе
vannaxona

аш бүлмәсе
oshxona

йокы бүлмәсе
yotoqxona

балалар бүлмәсе
bolalar xonasi

ашханә
oshxona

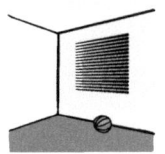

идән
pol

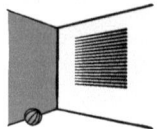

диварr
devor

түшәм
ship

баз
podval

сауна
sauna

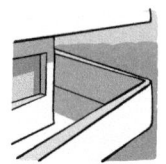

балкон
balkon

терраса
ayvon

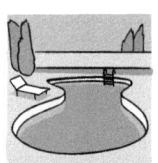

бассейн
basseyn

газон чапкыч
o't o'rgich mashina

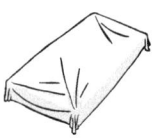

юрган аслыгы
ko'rpajild

япма
choyshab

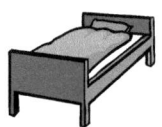

карават
krovat

себерке
supurgi

чиләк
paqir

сүндергеч
murvat

кунак бүлмәсе
mehmonxona

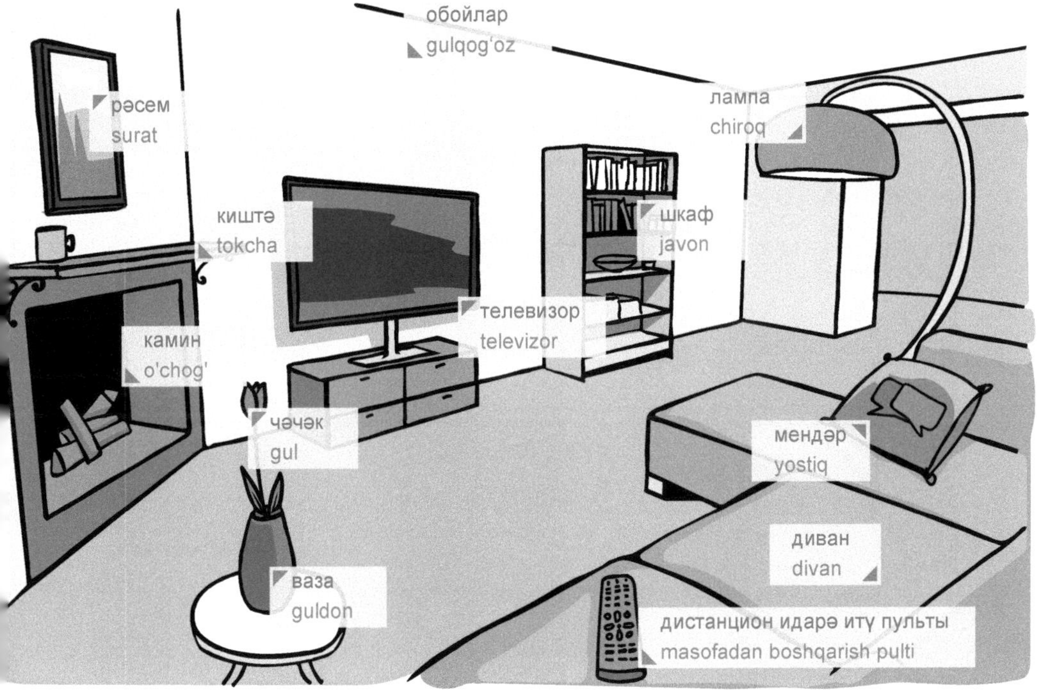

обойлар / gulqog'oz
рәсем / surat
лампа / chiroq
киштә / tokcha
шкаф / javon
камин / o'chog'
телевизор / televizor
чәчәк / gul
мендәр / yostiq
ваза / guldon
диван / divan
дистанцион идарә иту пульты / masofadan boshqarish pulti

келәм
gilam

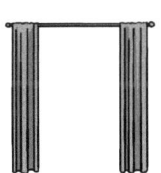

пәрдә
parda

өстәл
stol

утыргыч
stul

тибрәткеч кәнәфи
tebranma kursi

кәнәфи
kreslo

китап
kitob

япма
ko'rpa

бизәк
hasham

утын
o'tin

фильм
kino

стереосистема
stereo qurilma

ачкыч
kalit

газета
gazeta

картина
rasm

плакат
plakat

радио
radio

блокнот
yon daftar

тузан суыргыч
chang yutgich

кактус
kaktus

шәм
sham

кунак бүлмәсе - mehmonxona

аш бүлмәсе
oshxona

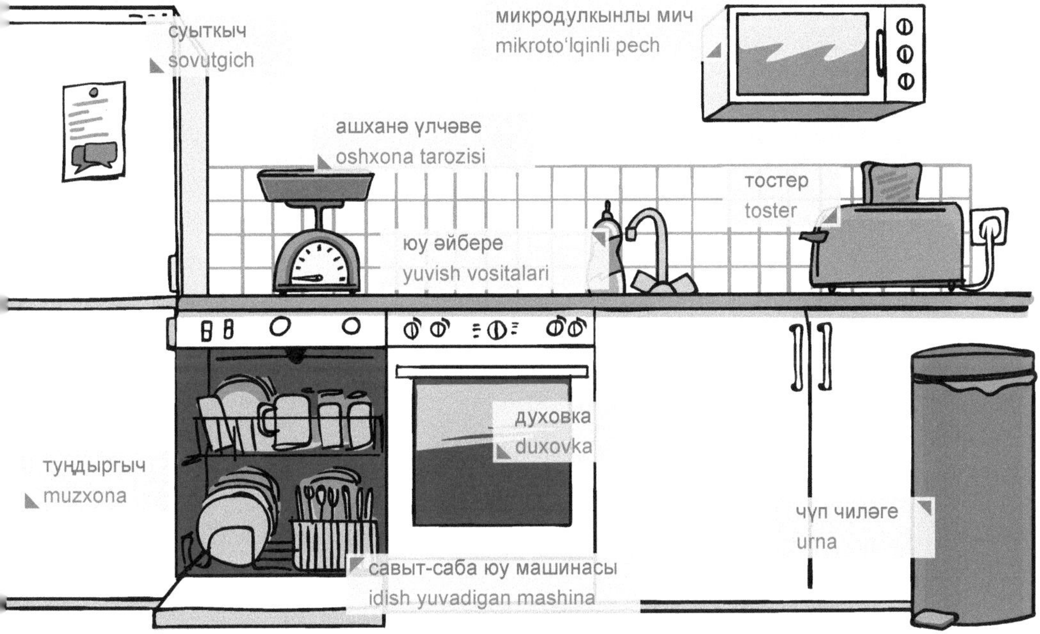

суыткыч	sovutgich
микродулкынлы мич	mikroto'lqinli pech
ашханә үлчәве	oshxona tarozisi
юу әйбере	yuvish vositalari
тостер	toster
духовка	duxovka
туңдыргыч	muzxona
чүп чиләге	urna
савыт-саба юу машинасы	idish yuvadigan mashina

| плитә | кәстрүл | чуен казан |
| plita | kastryul | cho'yan qozon |

| вок / казан | таба | чәйнек |
| bo'rtma tubli tova | tova | chovgun |

аш бүлмәсе - oshxona

парда пешергеч

mantiqasqon

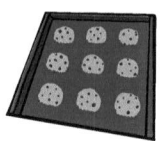

калай таба

tunuka tova

савыт-саба

chinni idish

кружка

krushka

җамаяк

kosa

таякчык

taom yeyish tayoqchalari

аш чүмече

cho'mich

лопатка

kurakcha

туглауыч

ko'pirtirgich

иләк

chovli

иләк

elak

кыргыч

qirg'ich

төйгеч

hovoncha

гриль

gril

учак

olov

аш бүлмәсе - oshxona

такта
oshtaxta

уклау
juva

бөке суыргыч
parmasimon tiqin ochgich

калай банк
konserva

консерв ачу өчен пычак
konserva ochgich

электергеч
tutgich

раковина
unitaz

щётка
idish cho'tka

губка
qozonsochiq

миксер
qorishtirgich

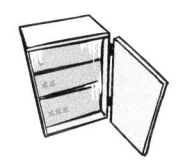

туңдыру камерасы
muzlatgich

ашату өчен шешә
so'rg'ichli chaqaloq butilkasi

кран
kran

аш бүлмәсе - oshxona

ванна бүлмәсе
vannaxona

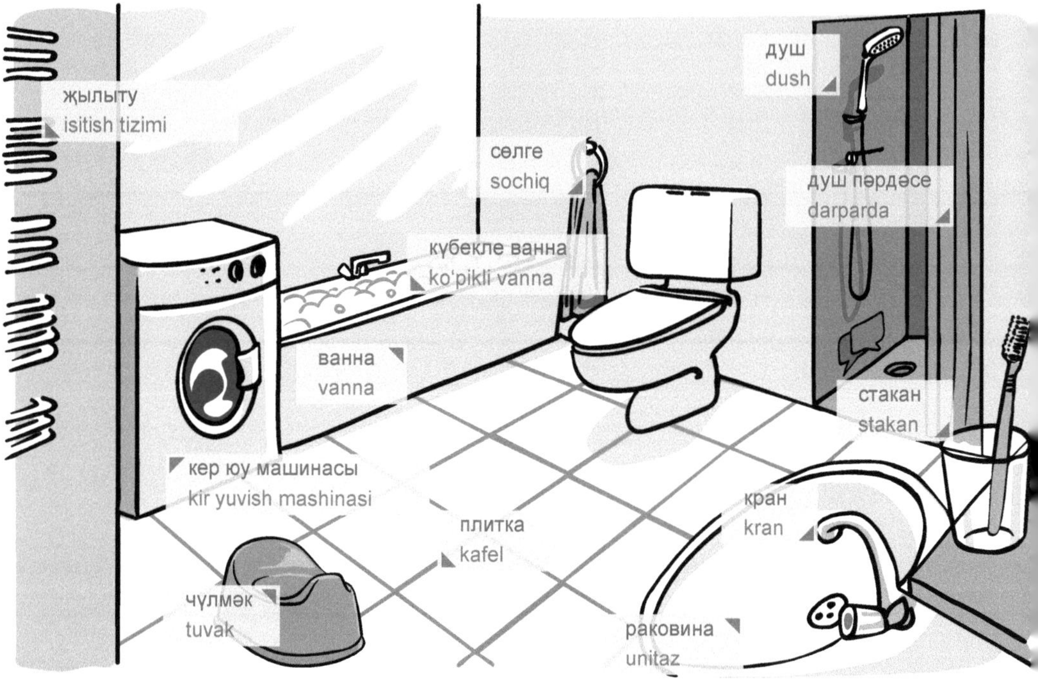

- җылыту / isitish tizimi
- душ / dush
- сөлге / sochiq
- душ пәрдәсе / darparda
- күбекле ванна / ko'pikli vanna
- ванна / vanna
- стакан / stakan
- кер юу машинасы / kir yuvish mashinasi
- плитка / kafel
- кран / kran
- чүлмәк / tuvak
- раковина / unitaz

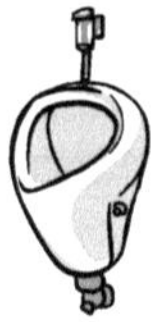

бәдрәф	унитаз	биде
hojatxona	polga o'rnatiladigan unitaz	tahoratdon
писсуар	бәдрәф кәгазе	керпе кебек чистарткыч
siydik unitazi	hojatxona qog'ozi	hojatxona cho'tkasi

ванна бүлмәсе - vannaxona

теш щеткасы

tish choʻtka

теш пастасы

tish pastasi

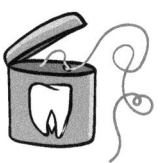

теш җебе

tish tozalagich ip

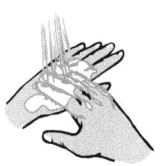

юу

yuvmoq

кул душы

dastakli dush

душ

tahorat uchun dush

оча сөяге

togʻora

аврка өчен щетка

yelka qashlaydigan choʻtka

сабын

sovun

душ өчен гель

dush uchun gel

шампунь

shampun

мунчала

mochalka

агым

quvur

крем

krem

дезодорант

dezodorant

ванна бүлмәсе - vannaxona

көзге
ku'zgu

кул көзгесе
qo'l ku'zgusi

пәке
ustara

кырыну өчен күбек
ustara uchun ko'pik

Кырынаганнан соң кулланыла торган лосьон
salqinlantiruvchi balzam

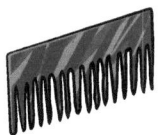
тарак
taroq

щётка
cho'tka

фен
fen

чәчләр лагы
soch uchun lak

косметика
pardoz-andoz

ирен буявы
lab uchun pomada

тырнаклар лагы
tirnoq laki

мамык
paxta

маникюр кайчысы
tirnoq qaychisi

хушбуй
atir

ванна бүлмәсе - vannaxona

косметика савыты
pardoz-andoz xaltasi

урындык
kursi

үлчәү
tarozi

халат
cho'milish xalati

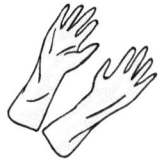
резин перчаткалар
rezina qo'lqop

тампон
tampon

гигиена җәймәсе
gigiyenik taglik

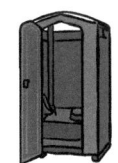
биотуалет
biohojatxona

балалар бүлмәсе
bolalar xonasi

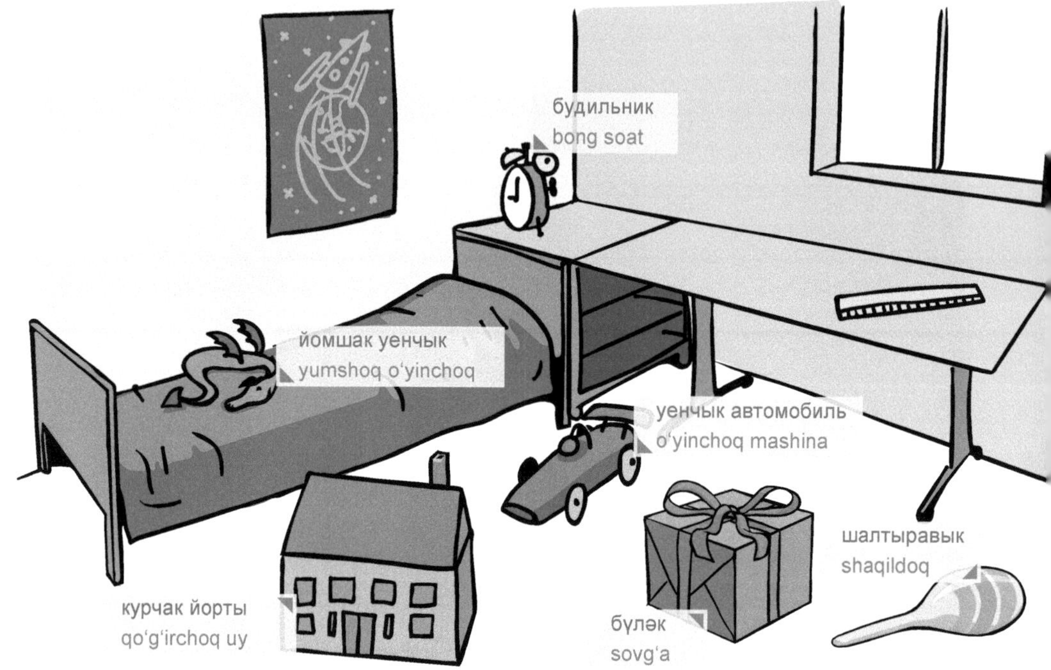

будильник
bong soat

йомшак уенчык
yumshoq o'yinchoq

уенчык автомобиль
o'yinchoq mashina

шалтыравык
shaqildoq

курчак йорты
qo'g'irchoq uy

бүләк
sovg'a

һава шары

shar

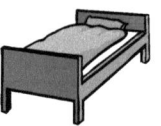

карават

krovat

балалар коляскасы

bolalar aravachasi

кәрт уены

karta to'plami

пазл

terma tasvir

комикс

kulgili sahna asari

Лего кирпечкләре
lego g'ishtlari

шакмак
o'yinchoq kubiklar

уенчык
o'yinchoq qahramon

ползунки
polzunka

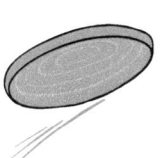

фрисби
uchar likopcha

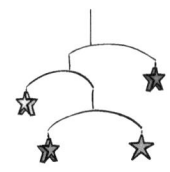

мобиль
osma shaqildoq

өстәл уены
stol o'yini

шакмак
oshiq

тимер юл моделе
poyezd maketi

имезлек
so'rg'ich

кичә
o'tirish

рәсемнәр белән бизәлгән китап
rasmli kitob

туп
koptok

курчак
qo'g'irchoq

уйнау
o'ynamoq

балалар бүлмәсе - bolalar xonasi

комлык
qumdon

таган
arg'imchoq

уенчык
o'yinchoqlar

уен приставкасы
o'yin pristavkasi

өч көпчәкле велосипед
uch g'ildirakli velosiped

плюш аю
baxmal ayiq

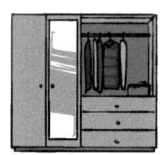

кием-салым шкафы
kiyim shkafi

кием
kiyim

оекбаш
paypoq

оек
chulki

колготки
kolgotka

боди bodi	чалбар ishton	джинсы jinsi

итәк yubka	блузка kofta	күлмәк koʻylak

свитер jemper	свитер uzun chakmon	спорт курткасы sport bichimidagi pidjak

жакет kurtka	пәлтә palto	плащ plash

костюм libos	күлмәк koʻylak	туй күлмәге kelin koʻylak

ирләр костюмы
kostyum shim

төнге эчке күлмәк
tungi ko'ylak

пижама
pijama

сари
sari

яулык
sholro'mol

чалма
salla

пәрәнҗә
paranji

кафтан
chakmon

абайя
abaya

коену костюмы
cho'milish kostyumi

плавки
tursik

шорт
shortik

спорт костюмы
sport kostyumi

алъяпкыч
fartuk

перчаткалар
qo'lqop

кием - kiyim

төймә
tugma

күзлек
ko'zoynak

беләзек
bilaguzuk

чылбыр
munchoq

балдак
uzuk

алка
sirg'a

бүрек
kepka

элгеч
palto ilgak

эшләпә
shlyapa

галстук
bo'yinbog'

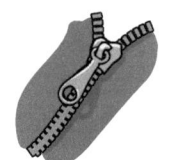

молния каптырмасы
zamok

каска
dubulg'a

подтяжка
shim tortgich

мәктәп формасы
maktab formasi

форма
forma

кием - kiyim

балалар күкрәкчәсе
oshxo'rak

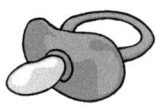
имезлек
so'rg'ich

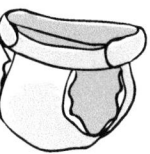
подгузник
taglik

офис
idora

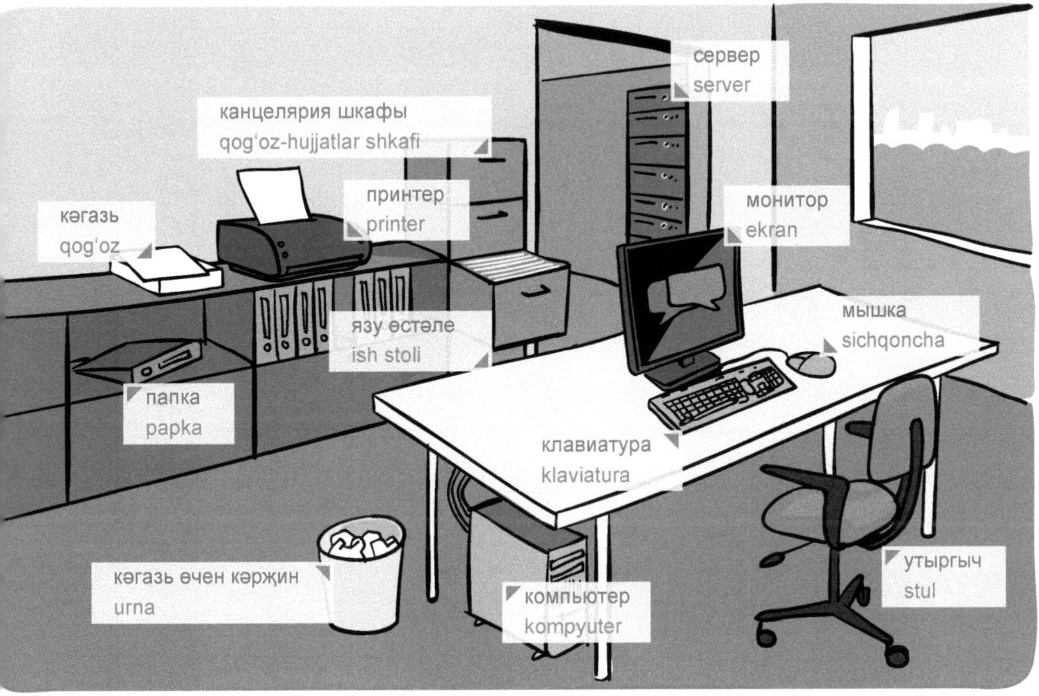

- сервер — server
- канцелярия шкафы — qog'oz-hujjatlar shkafi
- принтер — printer
- монитор — ekran
- кәгазь — qog'oz
- язу өстәле — ish stoli
- мышка — sichqoncha
- папка — papka
- клавиатура — klaviatura
- кәгазь өчен кәрҗин — urna
- компьютер — kompyuter
- утыргыч — stul

кофе кружкасы
kofe krujkasi

калькулятор
kalkulyator

интернет
internet

ноутбук
noutbuk

хат
xat

хәбәр
maktub

кесә телефоны
uyali telefon

челтәр
tarmoq

ксерокс
nusxa koʻchirgich

программа
dastur

телефон
telefon

розетка
rozetka

факс
faks

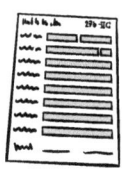

формуляр
shakllar

документ
hujjat

икътисад
iqtisod

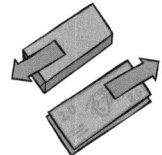

сатып алу

xarid qilmoq

түләү

to'lamoq

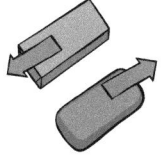

сәүдә

savdolashmoq

акча

pul

доллар

dollar

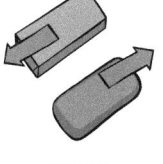

евро

yevro

иена

yyen

сум

rubl

франк

shvetsar franki

жэньминьби юань

Jenminbi xitoy yuani

рупия

rupi

банкомат

bankomat

валюта алмаштыру пункты
pul ayirboshlash shahobchasi

алтын
oltin

көмеш
kumush

җир мае
neft

энергия
energiya

бәя
narx

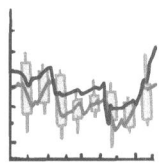

килешү
shartnoma

салым
soliq

акция
aktsiya

эш
ishlamoq

эшче
ishchi

эш бирүче
ish beruvchi

фабрика
zavod

кибет
doʻkon

икътисад - iqtisod

профессияләр
kasblar

полицейский
politsiyachi

янгын сүндерүче
o't o'chiruvchi

пешекче
oshpaz

табиб
shifokor

очучы
uchuvchi

бакчачы
bog'bon

агач остасы
duradgor

тегүче
tikuvchi

хаким
hakam

химик
kimyogar

актер
aktyor

профессияләр - kasblar

автобус йөртүче
avtobus haydovchi

таксист
taksi haydovchisi

балыкчы
baliq ovlovchi

җыештыручы хатын
farrosh

түбә ябучы
tom ustasi

официант
ofitsiant

аучы
ovchi

рәссам
bo'yoqchi

пешекче
nonvoyxona

электрик
elektr ustasi

төзүче
quruvchi

инженер
muhandis

итче
qassob

сантехник
suvchi chilangar

хат ташучы
pochtachi

профессияләр - kasblar

солдат
askar

архитектор
me'mor

кассир
kassachi

чәчәкче
gulchi

парикмахер
sartarosh

кондуктор
chiptachi

механик
mexanik

капитан
kapitan

теш табибы
tish shifokori

галим
olim

раввин
yaxudiylar ruhoniysi

имам
imom

монах
rohib

рухани
ruhiniy

профессияләр - kasblar

кораллар
asboblar

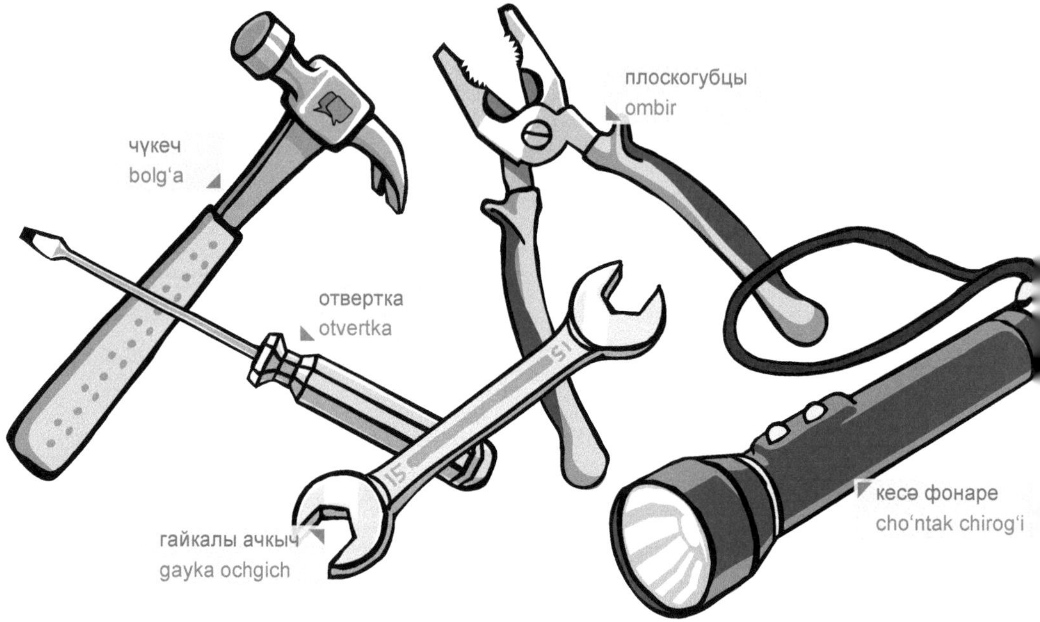

чүкеч
bolg'a

плоскогубцы
ombir

отвертка
otvertka

гайкалы ачкыч
gayka ochgich

кесә фонаре
cho'ntak chirog'i

экскаватор
ekskavator

инструментлар өчен тартма
asboblar qutisi

баскыч
narvon

пычкы
qo'larra

кадаклар
mix

дрель
parmadasta

төзәту
tuzatmoq

көрәк
belkurak

Шайтан алгыры!
Jin ursin!

соскы
xokandoz

савытлы буяу
bo'yoq idish

винтлар
burama mix

музыкаль инструментлар
musiqa asboblari

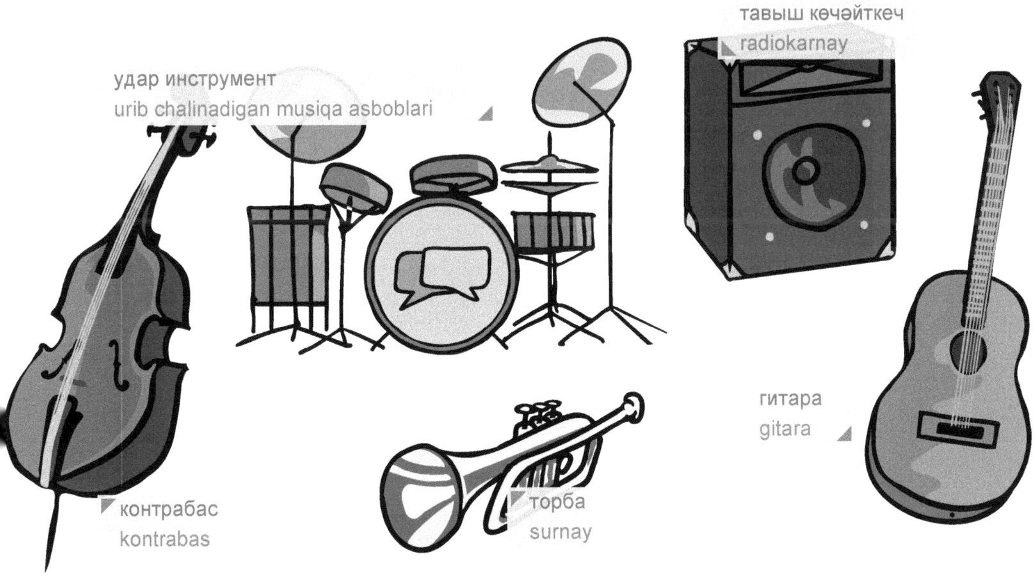

удар инструмент
urib chalinadigan musiqa asboblari

тавыш көчәйткеч
radiokarnay

контрабас
kontrabas

торба
surnay

гитара
gitara

пианино
pianino

скрипка
g'ijjak

бас-гитара
bas-gitara

литавра
qo'shnog'ora

барабан
do'mbira

синтезатор
klaviatura

саксофон
saksofon

флейта
nay

микрофон
mikrofon

музыкаль инструментлар - musiqa asboblari

зоопарк
hayvonot bog'i

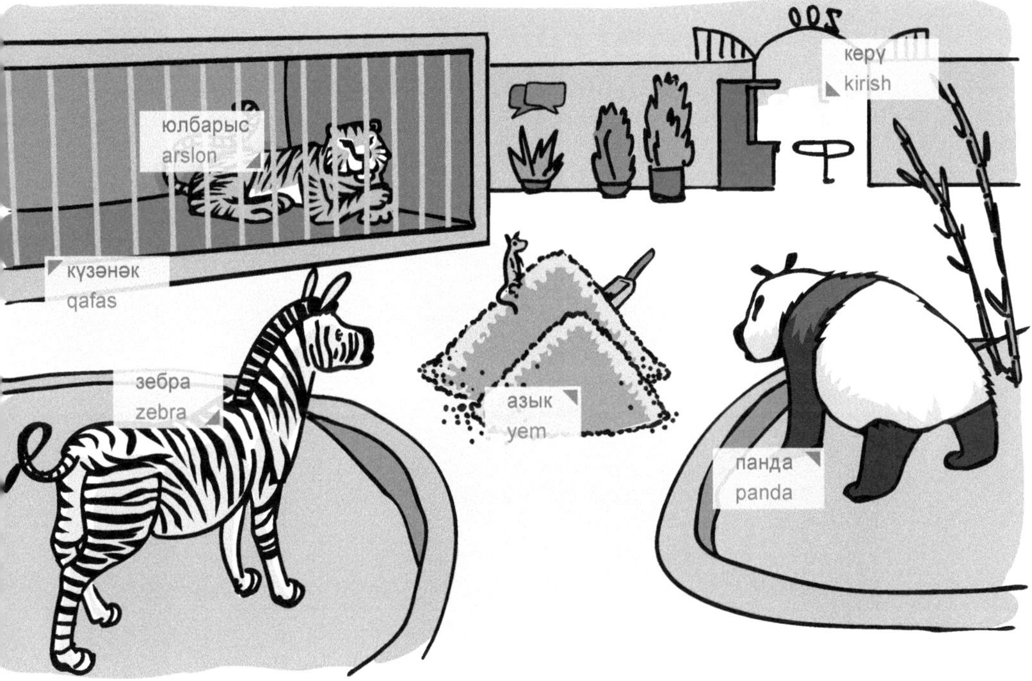

юлбарыс / arslon
керү / kirish
күзәнәк / qafas
зебра / zebra
азык / yem
панда / panda

хайваннар
hayvonlar

фил
fil

көнгерә
kenguru

мөгезборын
karkidon

горилла
gorilla

аю
ayiq

дөя
tuya

тәвә кошы
tuyaqush

арыслан
sher

маймыл
maymun

фламинго
qizil g'oz

тутый кош
to'ti

ак аю
oq ayiq

пингвин
pingvin

акула
akula

тавис
tovus

елан
ilon

крокодил
timsoh

зоопарк хезмәткәре
hayvonot bog'i qorovuli

тюлень
tyulen

ягуар
yaguar

пони
toʻpichoq ot

каплан
qoplon

су үгезе
begemot

жираф
jirafa

бөркет
burgut

кабан дуңгызы
erkak choʻchqa

балык
baliq

ташбака
toshbaqa

морж
morj

төлке
tulki

газәл
ohu

спорт төрләре
sport o'yinlari

хәрәкәт
mashg'ulot

сикерү / sakramoq
көлү / kulmoq
кочаклау / quchmoq
бару / yurmoq
җырлау / kuylamoq
хыяллану / hayol qilmoq
гыйбадәт кылу / ibodat qilmoq
үбү / o'pmoq

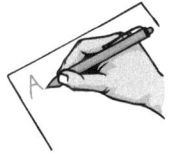

язу
yozmoq

рәсем ясау
chizmoq

күрсәтү
ko'rsatmoq

басу
itarmoq

бирү
bermoq

алу
olmoq

хәрәкәт - mashg'ulot

үзеңдә булдыру ega bo'lmoq	 эшләү bajarmoq	 булу bo'lmoq
 басып тору turmoq	 йөгерү yugurmoq	 тарту tortmoq
 ташлау uloqtirmoq	 егылу yiqilmoq	 яту aldamoq
 көтү kutmoq	 йөртү tashimoq	 утыру o'tirmoq
 кию kiyinmoq	 йоклау uxlamoq	 уяну uyg'onmoq

хәрәкәт - mashg'ulot

карау
qaramoq

елау
yig'lamoq

үтекләү
zarba bermoq

тарау
taramoq

әйтү
gaplashmoq

аңлау
tushunmoq

сорау
so'ramoq

тыңлау
tinglamoq

эчү
ichmoq

ашау
yemoq

тәртипкә китерү
yig'ishtirmoq

сөю
sevmoq

әзерләү
pishirmoq

машинада бару
haydamoq

очу
uchmoq

хәрәкәт - mashg'ulot

Җилкәндә йөрү

kemada suzmoq

исәпләү

sanamoq

уку

o'qimoq

уку

o'rganmoq

эш

ishlamoq

никахлашу

turmush qurmoq

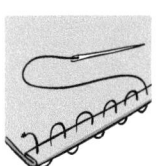

тегү

tikmoq

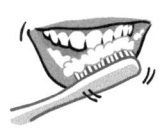

тешләрне чистарту

tish yuvmoq

үтерү

o'ldirmoq

тәмәке тарту

chekmoq

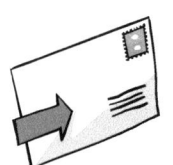

җибәрү

yo'llamoq

хәрәкәт - mashg'ulot

гаилә
oila

әби / buvi
бабай / buva
әти / ota
әни / ona
сабый / chaqaloq
кыз / qiz
ул / o'g'il

кунак
mehmon

түти
amma

абый
tog'a

кардәш
aka

апа
opa

тән
tana

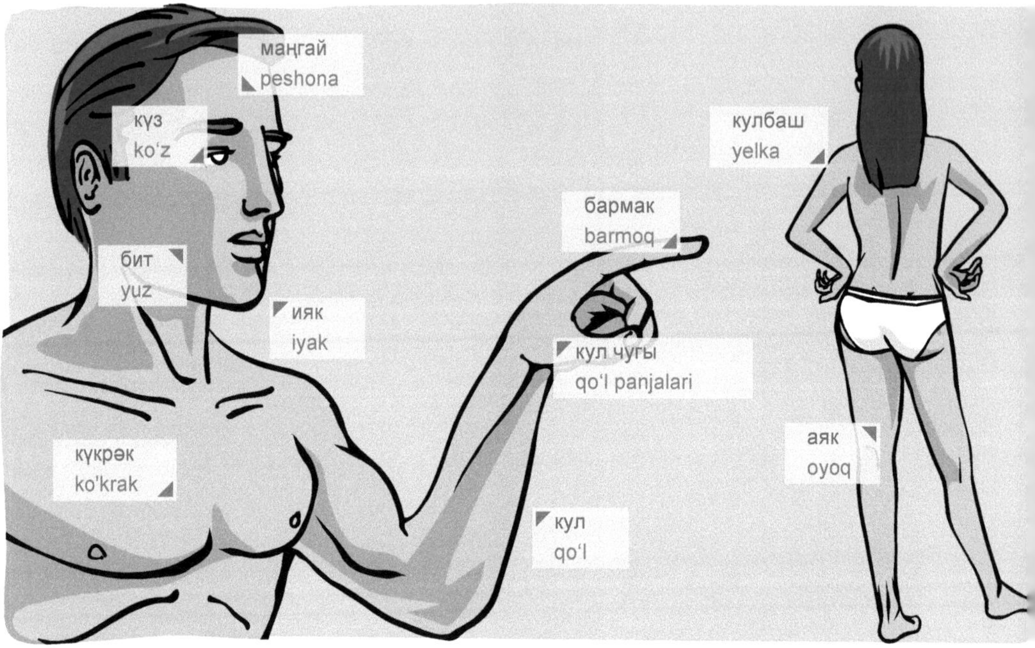

маңгай / peshona
күз / ko'z
бит / yuz
күкрәк / ko'krak
кулбаш / yelka
бармак / barmoq
ияк / iyak
кул чугы / qo'l panjalari
аяк / oyoq
кул / qo'l

сабый

chaqaloq

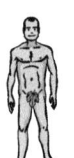

ир

odam

хатын

ayol

кыз

qiz bola

малай

o'g'il bola

баш

bosh

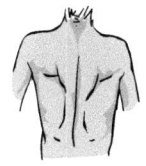
арка
orqa

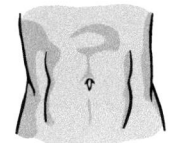
эч
qorin

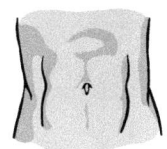
кендек
kindik

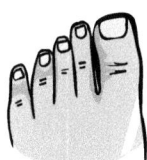
аяк бармагы
oyoq barmoqlari

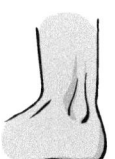
үкчә
tovon

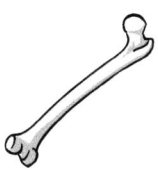
сөяк
suyak

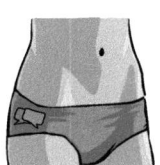
бот
bel

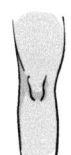
тез
tizza

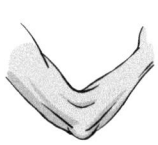
терсәк
tirsak

борын
burun

арт сан
dumba

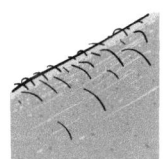
тире
teri

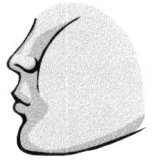
яңак
yanoq

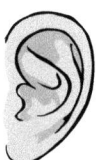
колак
quloq

ирен
lab

тән - tana

авыз
og'iz

теш
tish

тел
til

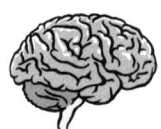
ми
miya

йөрәк
yurak

мускул
mushak

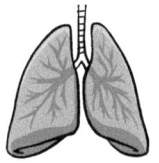
үпкәләр
o'pka

бавыр
jigar

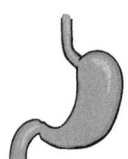
ашказан
oshqozon

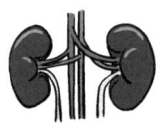
бөерләр
buyrak

җенси акт
jinsiy aloqa

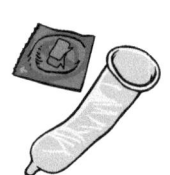
презерватив
prezervativ

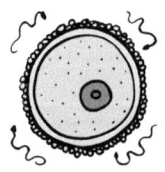
күкәйлек
tuxum ho'jayra

сперма
urug'

көмәнлек
homiladorlik

тән - tana

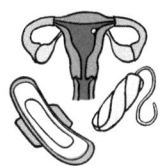
күрем
hayz

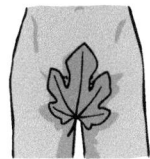
вагина
bachadon

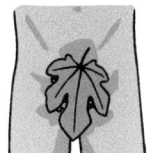
пенис
olat

каш
qosh

чәчләр
soch

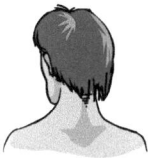
муен
bo'yin

хастаханә
shifoxona

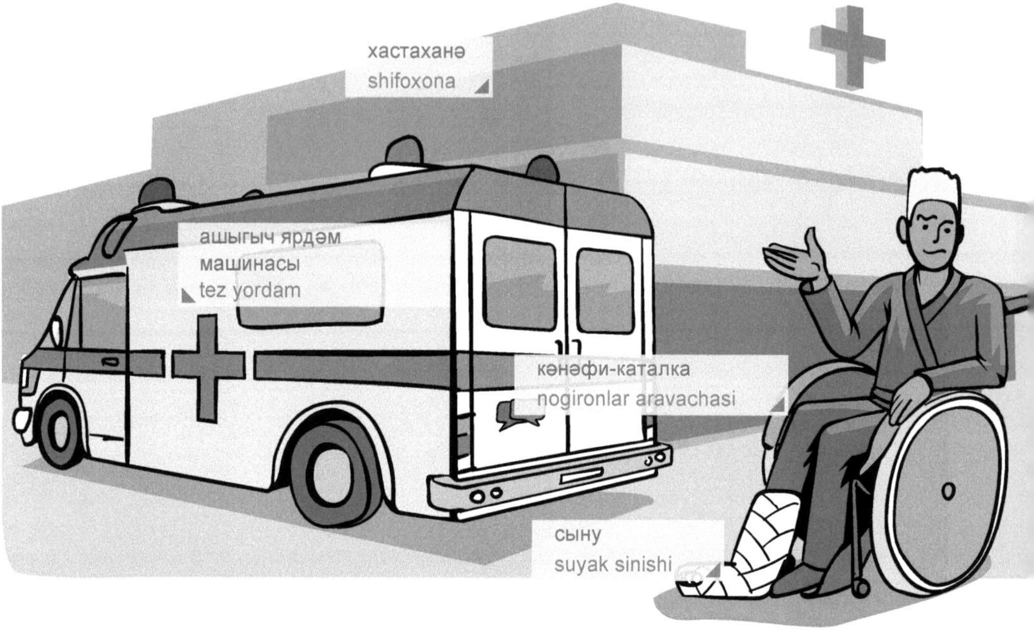

хастаханә
shifoxona

ашыгыч ярдәм машинасы
tez yordam

кәнәфи-каталка
nogironlar aravachasi

сыну
suyak sinishi

табиб
shifokor

беренче ярдәм пункты
Shoshilich tibbiy yordam ko'rsatish bo'limi

шәфкать туташы
hamshira

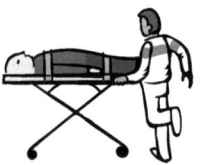

кичектергесез хәл
tez yordam

аңсыз
hushsizlik

авырту
og'riq

зыян килү
jarohat

кан агу
qonash

инфаркт
yurak xuruji

инсульт
insult

аллергия
allergiya

ютәл
yo'tal

югары температура
isitma

грипп
tumov

эч китү
ichburug'

баш авырту
bosh og'rig'i

кысла
saraton kasalligi

диабет
qandli diabet

хирург
jarroh

скальпель
jarroh pichog'i

операция
jarrohlik amaliyoti

хастаханә - shifoxona

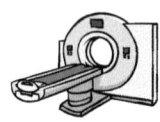

КТ
tomografiya

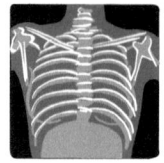

рентген
rentgen

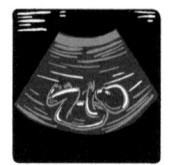

ультратавыш
ultratovush tekshiruvi

битлек
yuz niqobi

авыру
kasallik

кабул итү бүлмәсе
qabulxona

култык таягы
qo'ltiqtayoq

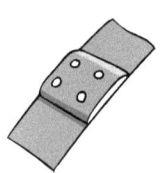

пластырь
malhamli plastir

бинт
bint

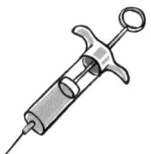

укол кадау
ukol

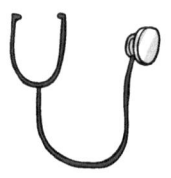

стетоскоп
yurak urushini va o'pkani
eshitib ko'radigan asbob

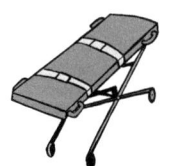

носилки
bemorlar uchun zambil

термометр
termometr

туу
tug'ruq

артык авырлык
semizlik

хастахане - shifoxona

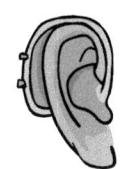

колак аппараты

eshitish moslamasi

йогышсызландыру чарасы

dezinfeksiyalovchi vosita

инфекция

infektsiya

вирус

virus

ВИЧ / СПИД

OIV / OITS

дару

dori

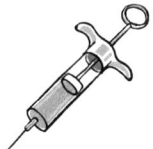

прививка

emlash

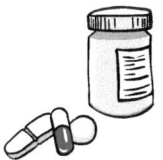

таблеткалар

tabletka

балага узмас өчен таблетка

dori

ашыгыч чакыру

tez yordam qo'ng'irog'i

кан басымын үлчәү өчен прибор

qon bosimini o'lchash asbobi

авыру / сәламәт

kasal / sog'lom

хастаханә - shifoxona

кичектергесез хәл
tez yordam

Ярдәм итегез!

Yordamga!

тревога сигналы

xavf-xatar ishorasi

һөҗүм итү

tajovuz

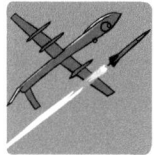

һөҗүм

hujum

куркыныч

xavf

запас чыгу урыны

favqulodda holatlarda chiqish eshigi

Янгын!

Yong'in

ут сүндергеч

o't o'chirgich

каза

falokat

дарухәнә

birinchi tibbiy yordam to'plami

SOS

falokat signali

полиция

politsiya

җир
yer

Европа
Yevropa

Төньяк Америка
Shimoliy Amerika

Көньяк Америка
Janubiy Amerika

Африка
Afrika

Азия
Osiyo

Австралия
Avstraliya

Атлантик океан
Anlantika okeani

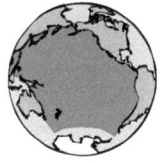
Тын океан
Tinch okeani

Һинд океаны
Hind okeani

Антарктик океан
Antarktida okeani

Төньяк Боз океаны
Arktika okeani

Төньяк полюс
Shimoliy qutb

Көньяк полюс

Janubiy qutb

Антарктика

Antarktika

җир

yer

коры җир

o'lka

диңгез

dengiz

утрау

orol

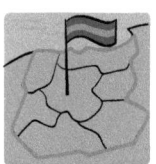

милләт

millat

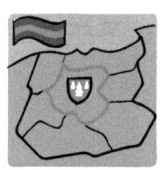

дәүләт

davlat

сәгать
soat

сәгать циферблаты
astronomik vaqt ko'rsatgichi

сәгать угы
soat mili

минут угы
daqiqa mili

секунд угы
lahza mili

Әле сәгать ничә?
Soat necha?

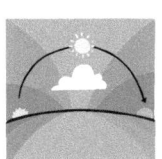
көн
kun

вакыт
vaqt

хәзер
hozir

электрон сәгать
raqamli soat

минут
daqiqa

сәгать
soat

атна
xafta

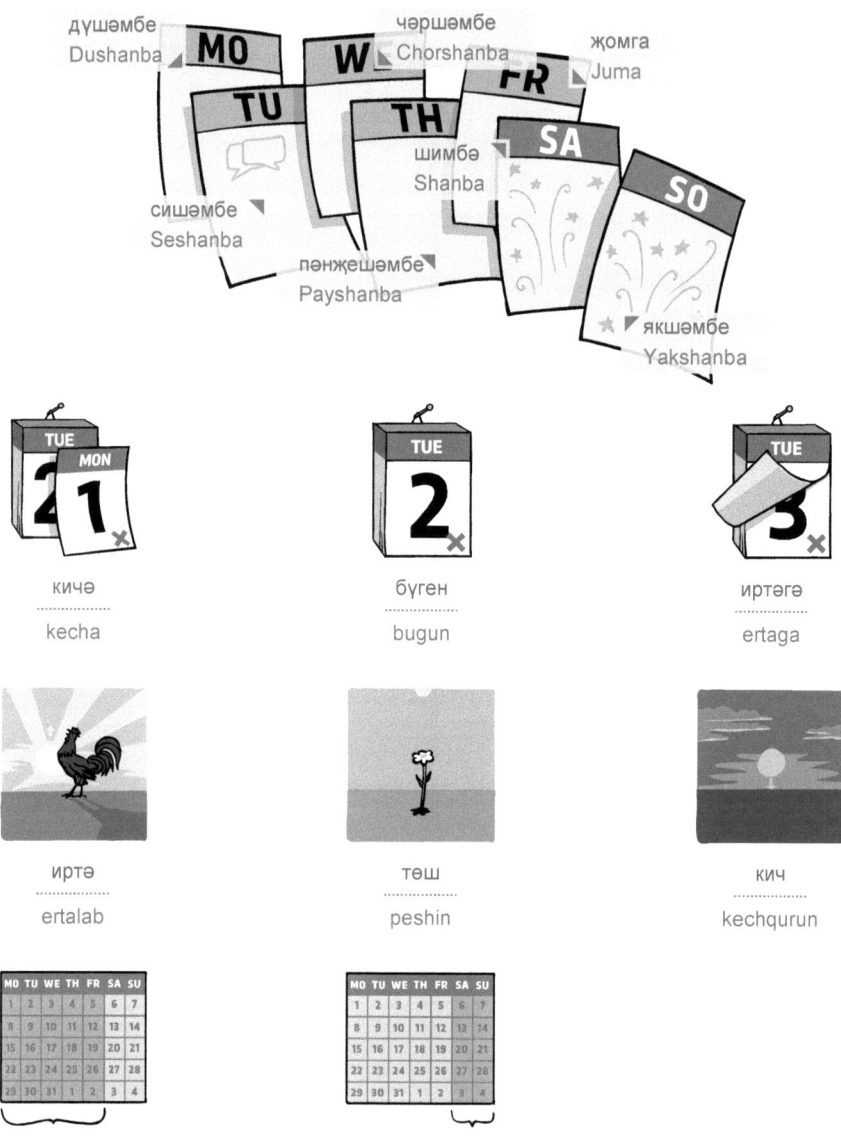

дүшәмбе — Dushanba
сишәмбе — Seshanba
чәршәмбе — Chorshanba
пәнҗешәмбе — Payshanba
җомга — Juma
шимбә — Shanba
якшәмбе — Yakshanba

кичә	бүген	иртәгә
kecha	bugun	ertaga

иртә	төш	кич
ertalab	peshin	kechqurun

эш көннәре	ял көннәре
ish kunlari	dam olish kunlari

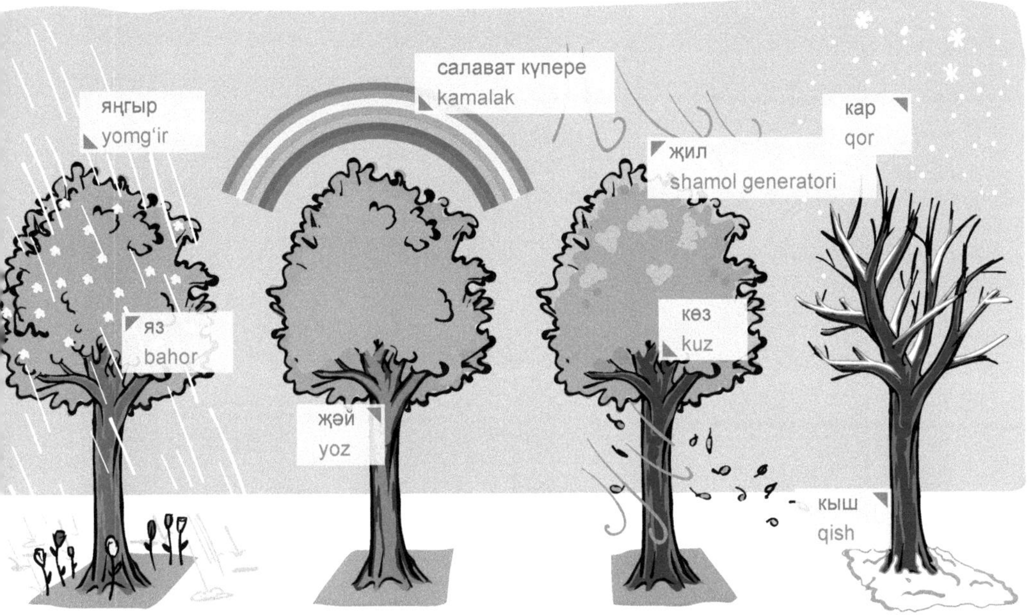

ел
yil

яңгыр
yomg'ir

салават күпере
kamalak

кар
qor

яз
bahor

җил
shamol generatori

көз
kuz

җәй
yoz

кыш
qish

һава торышы
ob-havo ma'lumoti

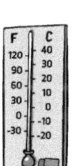

термометр
termometr

кояш яктысы
quyoshli

болыт
bulut

томан
tuman

дымлылык
namgarchilik

яшен

chaqmoq

күк күкрәү

momoqaldiroq

давыл

bo'ron

боз

do'l

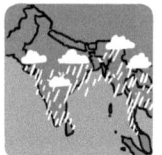

муссон

namgarchilik mavsumi

су басу

toshqin

боз

muz

гыйнвар

Yanvar

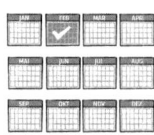

февраль

Fevral

март

Mart

апрель

Aprel

май

May

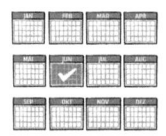

июнь

Iyun

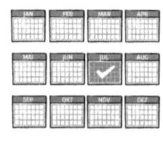

июль

Iyul

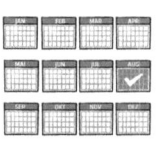

август

Avgust

ел - yil

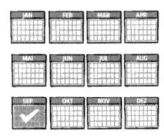

сентябрь

Sentyabr

октябрь

Oktyabr

ноябрь

Noyabr

декабрь

Dekabr

формалар
shakllar

божра

aylana

квадрат

kvadrat

турыпочмак

to'rtburchak

өчпочмак

uchburchak

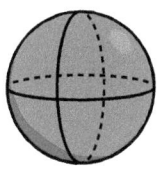

шар

doira

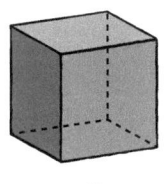

куб

kub

төсләр
ranglar

ак
oq

сары
sariq

кызгылт сары
sabzi rang

ал
pushti

кызыл
qizil

шәмәхә
toʻq qizil

зәңгәр
koʻk

яшел
yashil

көрән
jigar rang

соры
kul rang

кара
qora

капма-каршылыклар
qarama-qarshi ma'noli so'zlar

күп / аз

ko'p / oz

усал / тыныч

g'azabli / xotirjam

матур / ямьсез

go'zal / xunuk

башы / ахыры

boshi / oxiri

зур / кечкенә

katta / kichik

якты / караңгы

yorug' / qorong'u

абый / эне

aka / singil

чиста / пычрак

toza / iflos

тулы / тулы түгел

to'liq / chala

көн / төн

kun / tun

үле / тере

o'lik / tirik

киң / тар

keng / tor

ашарга яраклы / ашарга яраксыз

yesa bo'ladigan / yesa bo'lmaydigan

явыз / яхшы

yovuz / xayrli

дулкынланган / сагынган

hayajonli / zerikarli

юан / ябык

semik / oriq

башта / азакта

birinchi / oxirgi

дус / дошман

do'st / dushman

тулы / буш

to'la / bo'sh

каты / йомшак

qattiq / yumshoq

авыр / җиңел

og'ir / yengil

ачлык / сусау

ochlik / chanqov

авыру / сәламәт

kasal / sog'lom

хокуксыз / хокуклы

noqonuniy / qonuniy

акыллы / акылсыз

ziyoli / kaltafahm

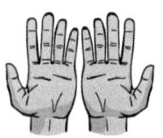

сулдан / уңнан

chap / o'ng

якын / ерак

yaqin / uzoq

капма-каршылыклар - qarama-qarshi ma'noli so'zlar

яңа / тоткан

yangi / ishlatilgan

бер нәрсә дә / нәрсәдер

hech narsa / bir narsa

өлкән / яшь

qari / yosh

тоташтырылган / сүндерелгән

yoniq / o'chiq

ачык / ябык

ochiq / yopiq

әкрен / кычкырып

past / baland

бай / ярлы

boy / kambag'al

дөрес / дөрес түгел

to'g'ri / noto'g'ri

кытыршы / шома

notekis / tekis

моңсу / бәхетле

xafa / xursand

кыска / озын

qisqa / uzun

җай / тиз

sekin / tez

дымлы / коры

nam / quruq

җылы / салкын

iliq / salqin

сугыш / тынычлык

urush / tinchlik

капма-каршылыклар - qarama-qarshi ma'noli so'zlar

саннар
raqamlar

0
ноль
nol

1
бер
bir

2
ике
ikki

3
өч
uch

4
дүрт
to'rt

5
биш
besh

6
алты
olti

7
җиде
yetti

8
сигез
sakkiz

9
тугыз
to'qqiz

10
ун
o'n

11
унбер
o'n bir

12
уннке
o'n ikki

13
унөч
o'n uch

14
ундүрт
o'n to'rt

15
унбиш
o'n besh

16
уналты
o'n olti

17
унҗиде
o'n yetti

18
унсигез
o'n sakkiz

19
унтугыз
o'n to'qqiz

20
егерме
yigirma

100
йөз
yuz

1.000
мең
ming

1.000.000
миллион
million

телләр
tillar

инглизчә

Ingliz

американча инглиз

Amerikacha ingliz tili

мандаринча Кытай

Xitoy tilining Mandarin lahchasi

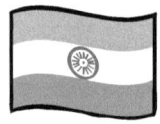

һинди

Hind

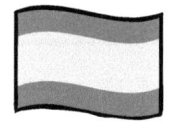

испан

Ispan

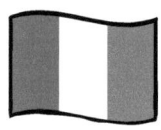

француз

Frantsuz

гарәп

Arab

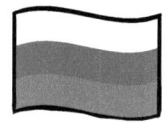

рус

Rus

португал

Portugal

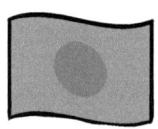

бенгал

Bengal

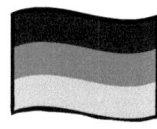

алман

Nemis

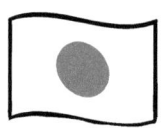

япон

Yapon

кем / нәрсә / ничек
kim / nima / qanday

мин
Men

син
Sen

ул / ул / ул
u / u / u

без
biz

сез
sizlar

алар
ular

кем?
kim?

нәрсә?
nima?

ничек?
qanday?

кайда?
qayerda?

кайчан?
qachon?

исем
ism

кайда
qayerda

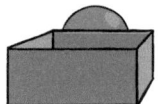

артта
orqada

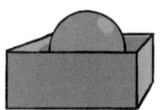

эчендә
ichida

алда
oldida

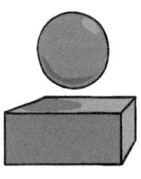

өстендә
uzra

өстенә
ustida

астында
tagida

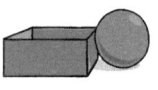

янәшә
yonida

арасында
o'rtasida

урын
joy